www.ingramcontent.com/pod-product-compliance
Lightning Source LLC
Chambersburg PA
CBHW072218170526
45158CB00002BA/648
* 9 7 8 1 0 9 4 8 7 7 3 6 5 *